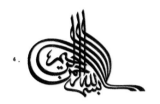

بسم الله الرحمن الرحيم

سلسلة الأمل

القراءة والتّعبير

الطبعة الثامنة
١٤٣٥ - 1435 هـ / ٢٠١٤ - 2014 م
مؤسسة غرناطة للنشر والخدمات التربوية

جميع حقوق الطبع والنشر محفوظة

HUITIÈME ÉDITION

Copyright © granadaéditions - août 2014

ISBN : 2-915671-38-9
Tél. : + 33 (0) 1 41 22 38 00 - Fax : + 33 (0) 1 41 22 38 30

سلسلة الأمل

ISESCO إيسيسكو

المستوى

1

COMMON EUROPEAN FRAMEWORK OF REFERENCE FOR LANGUAGE

A1

القراءة والتعبير

granada EDITIONS

غرناطة للنشر والخدمات التربوية

كلمة معالي الدكتور
عبد العزيز بن عثمان التويجري
المدير العام للإيسيسكو

بسم الله الرحمن الرحيم

المنظمة الإسلامية للتربية والعلوم والثقافة
ISESCO إيسيسكو

Organisation islamique
pour l'Education, les Sciences et la Culture
ISESCO

Directeur général

المدير العام

Islamic Educational, Scientific
and Cultural Organization
ISESCO

Director General

تقديم

تُعنَى المنظمة الإسلامية للتربية والعلوم والثقافة -إيسيسكو- عناية كبيرة بتوفير الوسائل كافة لتنشئة الأجيال الصاعدة من أبناء الجماعات والمجتمعات الإسلامية في المهجر، تنشئةً تربويةً متوازنةً ومتكاملة، تنطلق من تعلّمها اللغة العربية وتشرّبها روح التربية الإسلامية، من أجل تعزيز معرفتها بثقافتها وتقوية انتمائها إلى الأمة الإسلامية.

ولا تدخر المنظمة الإسلامية للتربية والعلوم والثقافة وسعاً لتحقيق هذا الهدف النبيل، وقد عقدت أخيراً اتفاقية للتعاون مع مؤسسة غرناطة للنشر والخدمات التربوية، التي يوجد مقرها في العاصمة الفرنسية باريس والمتخصصة في نشر الكتاب المدرسي، تقضي بدعم السلسلتين التعليميتين المتميّزتين: **(الأمل)** و**(العربية الميسَّرة)** اللتين تصدران عن هذه المؤسسة.

وفي هذا الإطار، تصدر المنظمة الإسلامية للتربية والعلوم والثقافة ومؤسسة غرناطة للنشر والخدمات التربوية، هذا الكتابَ التعليميَّ الموجَّه للأطفال المسلمين المقيمين في الغرب والراغبين في تعلّم اللغة العربية من خلال المنهج التدريسي الحديث، وبالأسلوب التعليمي الميسر، وبهذا الإخراج الفني الجميل الذي يجمع بين رونق الشكل وجماله، وبين أصالة المضمون وكماله، وبالطريقة التي تقرّب المعرفة اللغوية الميسَّرة إلى النشء المسلم، على نحو يذكي في قلبه حبَّ لغة الضاد، وينمّي في نفسه مشاعر الولاء لدينه ولتراثه ولثقافته ولأمته.

فاللَّه نسأل أن ينفع أجيالنا الجديدة في بلاد المهجر بهذا الكتاب التربوي التعليمي المشوّق. وهو سبحانه الموفق والهادي إلى سواء السبيل.

الدكتور عبد العزيز بن عثمان التويجري

المدير العام للمنظمة الإسلامية للتربية والعلوم والثقافة
- إيسيسكو -

المنظمة الإسلامية للتربية والعلوم والثقافة ISESCO إيسيسكو

Avenue des F. A. R. - Hay Ryad - Rabat - Royaume du Maroc - B. P. 2275 - C. P. 10104 . ر. ب. 2275 . ص. ب. المملكة المغربية ـ الرباط ـ حي الرياض ـ شارع الجيش الملكي
Fax : +212 (0) 37.56.60.12 / 13 : فاكس - Tél. : +212 (0) 37.56.60.52 / 53 : الهاتف
Website : www.isesco.org.ma : الموقع - webmaster : isesco@isesco.org.ma : البريد الإلكتروني

بسم اللّه الرّحمن الرّحيم

مقدّمة لجنة التّأليف

إيمانا منّا بواجب الأخذ بأيدي أبنائنا إلى تعلّم اللّغة العربيّة من أجل وصلهم بجذورهم، يسرّنا أن نضع بين أيديكم كتاب المستوى الأول للقراءة والتعبير من سلسلة الأمل للغة العربية.

ولقد حرصنا في عملنا هذا أن يكون الطفل هو الشخصية الرئيسة في كل موضوع لنشعره بأن له في محيطه دورا هو قادر على القيام به. وسعينا أن يتناول محتوى الكتاب جوانب من حياة المتعلم واهتماماته اليومية، محاولين عدم إهمال بُعد التشويق حتى يقبل عليه دون إكراه.

وهدفنا من كل ذلك أن يألف الطفل اللغة العربية ويصبح قادرا على فهم وقراءة وكتابة ما يناسب عمره منها، لذلك تكثّفت جهودنا حول محاور ثلاثة:

1 - تعويد أذن المتعلم على أجراس اللغة العربية وإيقاعات أصواتها ضمن حروف ومقاطع وكلمات لتنمية مهارة الاستماع لديه.

2 - إكسابه زادا لغويا أساسيا يمكنه من التخاطب في حياته اليومية.

3 - تعليمه من خلال محاور الكتاب قيما ومبادئ أولية من الحضارة الإسلامية تكمل عمل الأسرة وتسهم في بناء شخصية متوازنة.

وحتّى يكون هذا الكتاب مرغِّبا حقّا، تشتهيه أنفس الناشئة وتُقبل عليه أذهانهم في هذا العصر الذي ما آنفكّت تتنوّع وسائط المعرفة فيه وتتكاثر وسائل الإعلام المسموعة والمرئيّة والرّقميّة، مضيّقةً بذلك من مساحة الكتاب المدرسي في شكله الكلاسيكي، كان لزاما أن نرفده بوسائط أخرى حيّة، مشوّقة، وعصريّة، تعيد إليه منزلته الأولى.

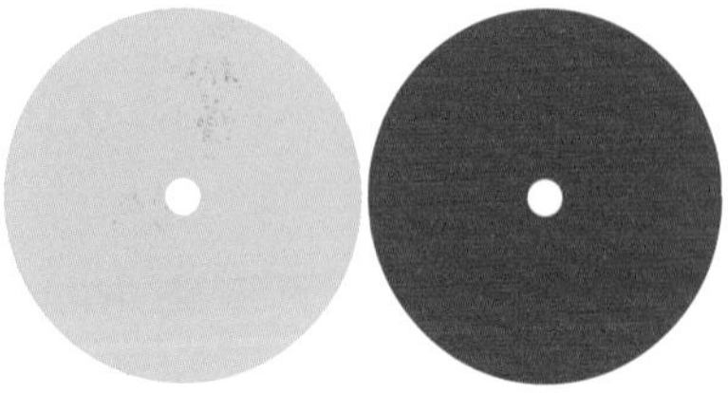

فكان أن حوّلنا مادّته الورقيّة مادّة رقميّة، ووضعنا لكلّ مستوى من مستوياته قرصا مضغوطا (CD)* يستعيد ما فيه من معارف وأنشطة مع إعادة إخراجها، بما يضمن خفّتها وطرافتها أوّلا، وتنوّع المداخل إليها، ويضمن حسن قبول المتعلّم لها، وسرعة استجابته إليها، ويُسر تعامله معها، سواء في الفصل - ساعة الدّرس - أو في المنزل بعده، وسواء بعون المعلّم أو بغيره... فإنّ قصد هذا الوسيط الرّقميّ أن يوسّع من دائرة استقلال الطالب ويمهّد له سبل التّعلّم الذّاتي.

ونحن إذ نقدم هذا الكتاب بجزأيه وما يكمّله من وسائط رقميّة فإننا ندعو المعلمين والأولياء إلى أن يحرصوا على تنزيل محتواه بالاعتماد على الأسلوب المرن والمنشّط حتّى يغرسوا في الطّفل حبّ اللّغة العربيّة والرّغبة في تعلّمها. كما ندعوهم أيضا إلى أن يبذلوا لنا من النّصح ما يرقى بهذا العمل نحو الأفضل.

واللّه من وراء القصد وهو المعين.

* لا يوزّع القرص مع الكتب وإنّما يباع على حدة

م

مَرْحَبًا بِكُمْ !

أَفْهَمُ وَ أَحْفَظُ

- مَرْحَبًا، أَيْنَ تَجْلِسُ يَا كَرِيمُ ؟
- هُنَاكَ، أَمَامَ مُنَى وَ أَمِيرَةَ.

أَكْتَشِفُ

كَرِيمُ	يَجْلِسُ	أَمَامَ	مُنَى	وَ	أَمِيرَة

ـمُ مَامَ مُـ مِـ

مَـ ـمُـ مِ ـمَ

أَقْرَأُ

مَـ ـمَـ مَ مُـ ـمُـ مُ مِـ ـمِـ مِ

مَا ـمَا ـمٌ مٌ مَمَـ مَمٌ

مَامَا مِمٌ مَمٌ مِمٌ مَامٌ

أُنَمّي لُغَتي

مَكْتَبٌ

تِلْمِيذٌ

مُعَلِّمٌ

أُعَبِّرُ

كَرِيمٌ أَمَامَ مُنَى.

أَمِيرَةُ وَرَاءَ كَرِيمٍ.

وَرَاءَ الْمَدْرَسَةِ شَجَرَةٌ.

ك

فِي الْفَصْلِ

أَفْهَمُ وَأَحْفَظُ

- أَحْسَنْتِ يَامَلاكُ، جَمِيلٌ مَا رَسَمْتِ!
- وَأَنْتَ يَا حَكِيمُ، خَطُّكَ جَمِيلٌ أَيْضًا!

أَكْتَشِفُ

حَكِيمُ	كَتَبَ	وَ	مَلاكُ	رَسَمَتْ

حَكِيـمُ كَتَبَ وَ مَلاكُ رَسَمَتْ

كَ كُ ـكِ ـكَ

أَقْرَأُ

كَ ـكُ كُو ـكُ ـكِ كِيـ كِي

كَا مَا كُو مُو ـكِي مِيـ ـمِي

كَمِيـ مَكَا كُمُو كَمَا ـمَكِي كُومُ

أُنَمِّي لُغَتِي

كِتَابٌ

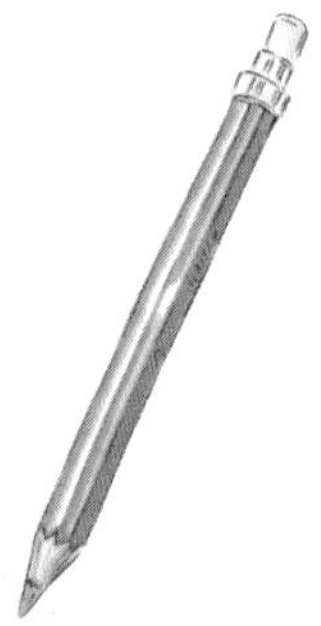

قَلَمٌ

مِبْرَاةٌ

أُعَبِّرُ

حَكِيمٌ كَتَبَ وَمَلاَكُ رَسَمَتْ.

كَرِيمٌ رَسَمَ وَمَرْيَمُ كَتَبَتْ.

أَحْمَدُ دَخَلَ وَمُنَى خَرَجَتْ.

ب

نَلْعَبُ بِهُدُوءٍ

أَفْهَمُ وَأَحْفَظُ

- بِلالٌ دَفَعَكِ يا رَبابُ؟

- لا. بِلالٌ كانَ يَلْعَبُ بَعيدًا مَعَ حَبيبٍ.

أَكْتَشِفُ

بِلالٌ	يَلْعَبُ	بَعيدًا	مَعَ	حَبيبٍ

بِلالٌ يَلْعَبُ بَعيدًا مَعَ حَبيبٍ

بَـ ـبُـ بِ ـبَ

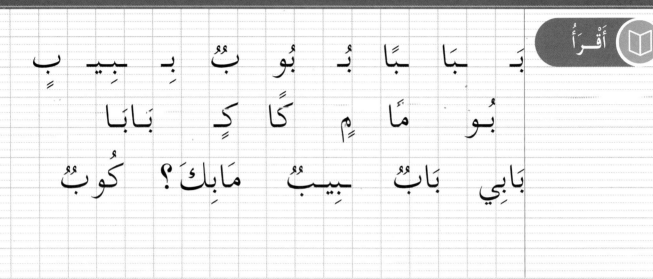

أَقْرَأُ

بَـ ـبَا ـبًا بُـ بُو ـبُ بِـ ـبِيـ بٍ

بُـو مًا مٍ كًا كٍ بَـابَـا

بَابِي بَابُ ـبِيبُ مَابِكَ؟ كُوبُ

أُنَمِّي لُغَتِي

يَدْفَعُ

مَلْعَبٌ

تَجْرِي

أُعَبِّرُ

بِلالُ يَلْعَبُ بَعِيدًا.

رَبابُ تَسْكُنُ بَعِيدًا.

أَنَا أَسْكُنُ قَرِيبًا مِنَ الْمَدْرَسَةِ.

ت

هَذِهِ صَدِيقَتِي...

أَفْهَمُ وَأَحْفَظُ

- أَبِي، هَذِهِ صَدِيقَتِي أَمِينَةُ مِنْ مَالِي، وَأَمِيرَةُ وَتَقْوَى مِنْ تُونِسَ.

أَكْتَشِفُ

أَمِينَةُ	مِنْ	مَالِي	وَ	أَمِيرَةُ	وَ	تَقْوَى	مِنْ	تُونِس

أَمِينَةُ مِنْ مَالِي وَ أَمِيرَةُ وَ تَقْوَى مِنْ تُونِس

أَقْرَأُ 📖

تَ تُ تِ تَا تُوتِي تِي تَاةَ تِ

ةُ تْ ةْ تَمْ مِثْ بَتْ تَكْ

كَتَمَ تُوتٌ كَتَبَتْ كِتَابَةٌ مَكْتَبِي

أُنَمِّي لُغَتِي 🗣

اِسْمِي تَقْوَى   صَدِيقَتِي أَمِينَةُ   يُسَلِّمُ عَلَى صَدِيقِهِ

أُعَبِّرُ 💬

هَذِهِ أَمِينَةُ مِنْ مَالِي.

هَذَا مُحَمَّدٌ مِنْ مِصْرَ.

فَتِيحَةُ مِنَ الْجَزَائِرِ.

17 ‎١٧

مُـرَاجَعَـةٌ وَتَثْبِيـتٌ

1 أُلاحِظُ وَأَقْرَأُ

م

مُـعَلِّمٌ يَكْتُبُ

ك

كِـتَابٌ كَبِيرٌ

ب

بَـيْتٌ بَعِيدٌ

ت

تِـلْمِيذَةٌ تَرْسُمُ

2 أَقْـرَأُ

الْمَقَاطِعَ : تَابُ كِيمُ تَبَةٌ بِيبُ

بِمَ مَكْ تَبْ مِبْ كَمْ

الْكَلِمَاتِ : تَبْكِي تَكْتُمُ مَبِيتٌ كِمَامَةٌ مَكْتَبَةٌ

الْجُمْلَةَ: كِتَابُ تَمِيمٍ تَحْتَ مَكْتَبِي.

3 أُكَوِّنُ جُمْلَةً

هَذَا	هَذِهِ	بِنْتُ	كِتَابُ	مِنْ مَالِي	أَمِينَةَ

- هَذَا كِتَابُ أَمِينَةَ.
- هَذِهِ بِنْتٌ مِنْ مَالِي.

أَقْـرَأُ وَأَفْهَـمُ

- بِمَ تَكْتُبُ ؟ ← أَكْتُبُ بِقَلَمِي.
- بِمَ تَبْرِي قَلَمَكَ ؟ ← أَبْرِي قَلَمِي بِمِبْرَاتِي.
- أَيْنَ كَرِيـمٌ ؟ ← هُنَاكَ، أَمَامَ مُنَى.

مَحْفُوظَـتِـي

لُـغَتِــي

لُغَتِي لُغَتِـي مَـا أَحْـلاَهَــا
لُغَةُ الْعَـرَبِ رُوحِي فِدَاهَا
أَنَا أَعْشَقُهَا أَنَـا أَهْـوَاهَـا
لُغَتِي لُغَتِــي مَـا أَحْـلاَهَــا

ر

دارُنا مُرَتَّبَةٌ

أَفْهَمُ وَأَحْفَظُ

- دارُكُمْ كَبِيرَةٌ وَمُرَتَّبَةٌ يا بُشْرَى!

- الْحَمْدُ لِلَّهِ. هَذِهِ غُرْفَتِي، فِيها سَرِيرِي وَمَكْتَبِي.

أَكْتَشِفُ

غُرْفَةٌ	بُشْرَى	فِيهَا	سَرِيرٌ	وَ	مَكْتَبٌ

غُرْفَةٌ بُشْرَى فِيهَا سَرِيرٌ وَ مَكْتَبٌ

رَ ـرُ رِ

أَقْرَأُ

ـرُ ـرُو رٌ رِيـ ـرِي ـرٍ ـرا

رَى رًا رُكْ تَرْ بَرْ رُمْ

بَكَى تَرَى مَرْمَى رُكْبَةٌ مُبارَكٌ

أُنَمّي لُغَتي

سَرِيرٌ زَرْبِيَّةٌ سِتارٌ

أُعَبِّرُ

فِي غُرْفَتِي سَرِيرٌ.

فِي الْمَطْبَخِ خِزانَةٌ.

فِي بَيْتِنا ضُيُوفٌ.

أ

أُحِبُّ أُسْرَتِي

أَفْهَمُ وَأَحْفَظُ

- أَلُو، إِيمَانُ، هَلْ أَفَاقَتْ أَسْمَاءُ ؟
- لاَ، مَازَالَتْ نَائِمَةً.
- وَهَلْ جَاءَتْ جَدَّتُكِ ؟
- نَعَمْ، جَاءَتِ الآنَ .

أَكْتَشِفُ

قَالَتْ	إِيمَانُ	أُخْتِي	أَسْمَاءُ	مَازَالَتْ	نَائِمَةً

إِيـ أُ أَ ءُ ئِـ

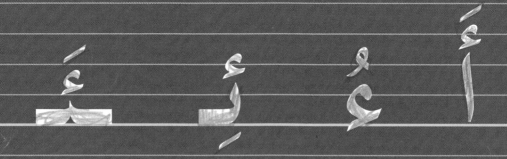

أَ ءُ ئِـ ـئَـ

أَقْرَأُ

أَ أُ إِ ءَ ءً ءُ ءٌ ءِ ءٍ

ئِـ ئِيـ أَى أُو أَكْـ بِئْـ أَمْ

أَمَرَ رَأَى مَاءُ بِئْرُ إِبْرَةٌ

أُنَمِّي لُغَتِي

أَبِي يَقْرَأُ

أُخْتِي تَأْكُلُ

أَخِي نَائِمٌ

أُعَبِّرُ

مَازَالَتْ أَسْمَاءُ نَائِمَةً.

مَازَالَ أَبِي سَاهِرًا.

مَازَالَ أَخِي صَغِيرًا.

هـ

هُدَى تُحَضِّرُ الْمَائِدَةَ

أَفْهَمُ وَأَحْفَظُ

- مَاشَاءَ اللَّهُ! الْمَائِدَةُ جاهِزَةٌ.

- أَنَا هَيَّأْتُهَا، وَمَهْدِي سَاعَدَنِي.

أَكْتَشِفُ

الْمَائِدَةُ	جاهِزَةٌ	هَيَّأَهَا	مَهْدِي	وَ	أُخْتُهُ	هُدَى
	ـهِـ	هَـ ـها	مَهْـ		ـهُ	هُـ ى

هَـ ـهُـ هِ ـهَ

أَقْـرَأُ

هَـ ـهِـ ـهُ ـهًا ـهٌ ـةٌ هٍ هُو

هِي هَا أَهْـ بَهْـ مُهْـ هُـمْ

كَرِهَ هِـبَـةٌ مَاهِرٌ إِبْهَامٌ إِبْرَاهِيمُ

أُنَمِّي لُغَتِي

صَحْنٌ

كَأْسٌ

مِلْعَقَـةٌ

أُعَبِّرُ

الْمَائِدَةُ جَاهِزَةٌ.

الطَّعَامُ لَذِيـذٌ.

الصُّحُونُ نَظِيفَـةٌ.

ل

فِـي الـسُّـوقِ

أَفْهَمُ وَأَحْفَظُ

- مَاذَا فِي سَلَّتِكَ يَا بِـلَالُ؟
- لَيْمُونٌ وَلِـفْتٌ وَ بَصَـلٌ.
- وَهَذَا بُرْتُقَالٌ قَدْ دَفَعْتُ ثَمَنَـهُ.
- بَـارَكَ اللَّهُ فِيكَ يَـا عَمِّ!

أَكْتَشِفُ

فِي	سَلَّةِ	بِلَالٍ	لَيْمُونٌ	وَ	لِفْتٌ	وَ	بَصَلٌ
	سَلَّ	لَالٍ	لَ		لِ		لٌ

لَـ ـلُـ لِ ـلَ

أَقْـرَأُ

لَـ ـلُـ ـلِ لاَ لُو لِيـ لٌ لِ ـلاً

لَى لِي بَلْ هَلْ كُلْ لَـمْ

بَلَى مَلِكَةٌ إِمْلاَءٌ كَلاَمٌ هِلاَلٌ

أُنَمِّي لُغَتِي

بُرْتُقَالَـةٌ

فُلْفُلٌ

لَحْمٌ

أُعَبِّرُ

مَاذَا فِي سَلَّتِكَ يَا بِلاَلُ ؟

مَاذَا فِي جَيْبِكِ يَا أَمِيرَةُ ؟

مَاذَا فِي الثَّـلاَّجَـةِ يَا أُمِّـي؟

مُراجَعَةٌ وَتَثْبيتٌ

1 أُلاحِظُ وَأَقْرَأُ

ر

رِيمُ تُرَتِّبُ الْبَيْتَ

أ

أُخْتِي نائِمَةٌ

هـ

هِرَّةٌ هارِبَةٌ

ل

لَيْمُونٌ أَصْفَرُ

2 أَقْرَأُ

الْمَقاطِعَ: وِي إِلَى أُو هِ ةِ أَهْ

تَمْ هَلْ مُرْ ماءُ مَتَى

الْكَلِماتِ: مَلاكُ ماهِرُ تَمْلأُ هِلالُ أَهْلِي

الْجُمْلَةَ: مَلأَ إِبْراهِيمُ سَلَّتَهُ فاكِهَةً.

3 أُكَوِّنُ جُمْلَةً

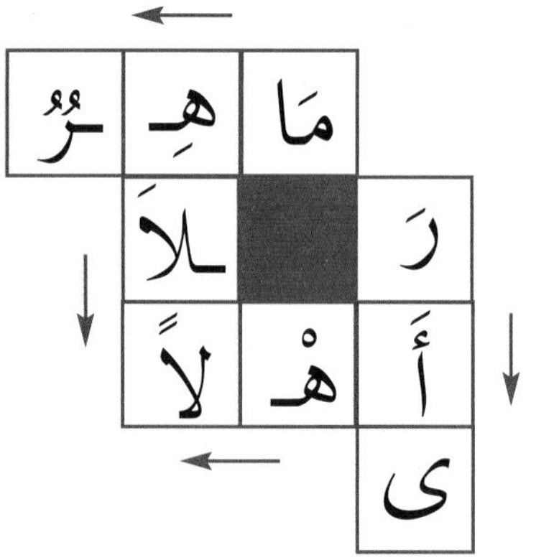

مَاهِرٌ	أَهْلاً	هِلاَلاً	رَأَى

⬅ رَأَى مَاهِرٌ هِلاَلاً .

4 أَقْرَأُ وَأَفْهَمُ

- مَتَى تَنَامُ أَمِيرَةُ ؟ ⬅ تنامُ أمِيرَةُ باكِـرًا.
- مَاذَا فِي سَلَّتِكَ ؟ ⬅ فِي سَلَّتِي بُرْتُقَالٌ وَلَيْمُونٌ وَلَحْمٌ.
- أَيْنَ هُدَى ؟ ⬅ مَازالَتْ تَغْسِلُ يَدَيْهَا.

مَحْفُوظَتِي

إِخْوَتِي

أَخِي وَأُخْتِي ضِيَـاءُ بَيْتِـي
وَأَصْدِقَائِـي فِي كُلِّ وَقْتِ
هُنَـا وُلِدْنَـا مَعًـا دَرَجْنَـا
مَعًـا لَعِبْنَـا حَتَّى كَبِرْنَـا
لِلَّهِ حَمْـدًا إِلَـيَّ أَهْـدَى
أَخِي وَأُخْتِي زَهْـرًا وَوَرْدًا

د

فِي نَادِي الرِّيَاضَةِ

أَفْهَمُ وَأَحْفَظُ

- فِي أَيِّ نادٍ تُرِيدُ أَنْ تتدرَّبَ يا مُرادُ ؟
- فِي نَادِي كُرَةِ الْقدمِ.
- وَأَنْتَ يامَهْدِي ؟
- أَنَا أُحِبُّ السِّباحَةَ .

أَكْتَشِفُ

يَتَدَرَّبُ	مُرَادُ	فِي	نَادي	كُرَةِ	الْقَدَمِ

دَرَّ   دُ   دي   دَ

دَ ـدُ ـدِ

أَقْـرَأُ

دَ ـدًا دُو دُ ـدِي ـدٍ دَى

بَدْ دُرُّ كَدُّ مُدُّ ـدُلُّ ـدرِّ

أَهْدَى بَدْرُ رَمَادُ أَمُدُّ تَدُلُّ

أُنَمِّي لُغَتِي

وَلَـدٌ يَعْدُو يَرْكَبُ دَرَّاجَةً يَرْمِي بَعِيدًا

أُعَبِّرُ

مَهْدِي يُحِبُّ السِّبَاحَةَ.

بِلَالٌ يُحِبُّ الرِّمَايَـةَ.

هُدَى تُحِبُّ الْأَزْهَـارَ.

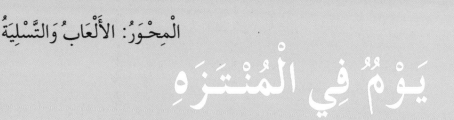

ن

يَوْمٌ فِي الْمُنْتَزَهِ

أَفْهَمُ وَأَحْفَظُ

- هَلْ أَعْجَبَكِ مُنْتَزَهُ مَدِينَتِنَا يَا إِيمَانُ ؟
- نَعَمْ، مَا أَجْمَلَهُ، وَمَا أَكْثَرَ النَّاسَ فِيهِ!

أَكْتَشِفُ

مُنْتَزَهُ	مَدِينَتِنَا	جَمِيلٌ	وَ	فِيهِ	نَاسٌ	كَثِيرُونَ

مُنْـ ـنَـنَا نَا ـن

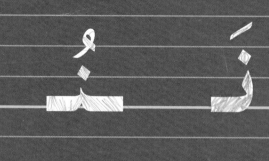

نَـ ـنُـ ـنِ ـنَ

أَقْـرَأُ

نَا ـنُو نِيـ نَى نًا ـنٌ نٍ

أَنَا مَنْ نَـرْ نَلْـ أَنْـ هَنَّـ بُنٌّ

نُورٌ إِيمَانٌ أَنْهَارٌ هَنَّأَ رُمَّانٌ

أُنَمِّي لُغَتِي

أُرْجُوحَةٌ

بُحَيْرَةٌ

عُشْبٌ أَخْضَرُ

أُعَبِّرُ

مَا أَكْثَرَ النَّاسَ فِي الْمُنْتَزَهِ !

مَا أَجْمَلَ الْأَزْهَارَ فِي الْحَدِيقَةِ !

مَا أَكْثَرَ الْأَسْمَاكَ فِي النَّهْرِ !

ي

أَتَعَلَّمُ الْوُضُوءَ

أَفْهَمُ وَ أَحْفَظُ

- مازِلْتَ تَتَوَضَّأُ يا يُوسُفُ ؟
- نَعَمْ يا أَبِي ، وَماذا أَغْسِلُ بَعْدَ وَجْهِي ؟
- تَغْسِلُ يَدَيْكَ إِلَى الْمِرْفَقَيْنِ.

أَكْتَشِفُ

يَغْسِلُ	يُوسُفُ	وَجْهَهُ	ثُمَّ	يَدَيْهِ

يَـ يُو يَـ دَيْـ

يَـ ـيُـ ـيِ ـيَ

أَقْـرَأُ

يَ يُـو ـيِـ يِي يٌ يًا يٍ

أَيْ بَيْـ هَيَّا رَأْ يَمٌّ رِيٌّ

بُيُوتٌ يَدَايَ أَيْنَ يَا أَيُّهَا مَا رَأْيُكَ ؟

أُنَمِّي لُغَتِي

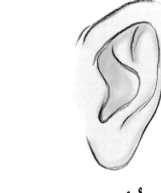

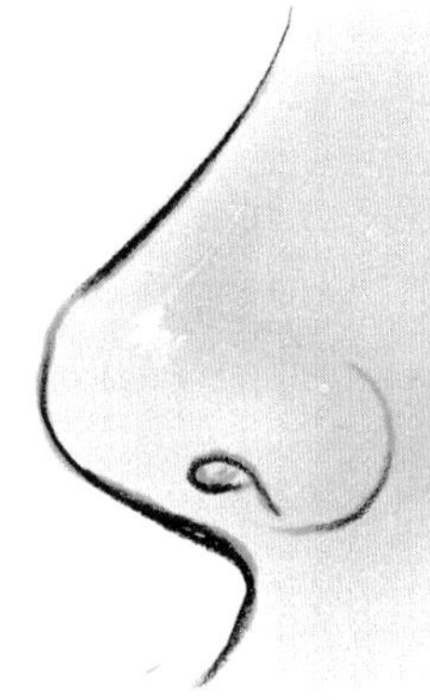

أَنْفٌ

أُذُنٌ

عَيْنٌ

أُعَبِّرُ

مَاذَا تَغْسِلُ ؟ ⬅ أَغْسِلُ يَدَيَّ.

مَاذَا تَقْرَأُ ؟ ⬅ أَقْرَأُ دَرْسِي.

مَاذَا يَأْكُلُ ؟ ⬅ يَأْكُلُ مَوْزًا.

ج

عِنْـدَ الطَّبِـيبِ

أَفْهَمُ وَأَحْفَظُ

- مَا بِكَ يَا نَجِيبُ ؟

- جُرْحٌ فِي رِجْلِي يُوجِعُنِي كَثِيرًا.

- اِجْلِسْ لِأُعَالِجَكَ، وَسَتُشْفَى بِإِذْنِ اللَّهِ.

أَكْتَشِفُ

يُعَالِـجُ	الطَّبِيبُ	جُـرْحًا	فِي	رِجْـلِ	نَجِيـبٍ

ـجُ جُـ رِجْـ ـجِيـ

جَ ـجُـ جِ ـجَ

أَقْـرَأُ

جَ جًا جُو ـجُ ـجِي جٍ

أَجْ جُمْ جَلاَ نَجًّا جَنَّ جَرَّ

رِجَالٌ نُجُومٌ نَجَّارٌ جَنَّةٌ دَجَاجٌ

أُنَمِّي لُغَتِي

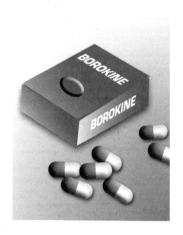

طَبِيبٌ

مَرِيضٌ

دَوَاءٌ

أُعَبِّرُ

اِجْلِسْ يَا نَجِيبُ !

اِجْلِسِي يَا خَدِيجَةُ !

اِنْتَبِهْ يَا جَلاَلُ !

مُراجَعَـةٌ وَتثْبِيـتٌ

1 أُلاحِظُ وَأَقْرَأُ

دَرَّاجَـةُ مَهْدِي

نَـهْرٌ نَظِيفٌ

يَدٌ يُمْنَى

جُرْحٌ فِي رِجْـلِهِ

2 أَقْـرَأُ

الْمَقَاطِعَ : هُنَا نَجَا مَنْ أَيْنَ

هَيَّا جَنَّ يَدِي نِـدٌّ

الْكَلِمَاتِ : مُدَرِّبٌ يَجْرِي وَجْهِي رُمَّانٌ جَنَّاتٌ

الْجُمْلَةَ : مَنَالُ تَرْكَبُ دَرَّاجَةً وَمَـهْدِي يَجْرِي بِجَانِبِهَا .

3 أُكَوِّنُ جُمْلَةً

مَدِينَتِكُمْ	يَا مَجْدِي	مَا أَجْمَلَ	مَسْجِدَ

⬅ مَا أَجْمَلَ مَسْجِدَ مَدِينَتِكُمْ يَا مَجْدِي !

أَقْـرَأُ وَأَفْهَـمُ

- أَيْنَ يَتَدَرَّبُ مَهْدِي ؟ ⬅ فِي النَّـادِي.
- مَاذَا يَقْرَأُ أَبُـوكَ ؟ ⬅ جَرِيدَةً.
- مَاذَا تَـشُـمُّ هُدَى؟ ⬅ وَرْدَةً.

مَحْفُوظَـتِـي

الْفَتى النَّظِيفُ

أَنَا الْفَتَى النَّظِيفُ ... مُهَذَّبٌ لَطِيــفُ

أَقُومُ فِي الصَّبَاحِ ... أَسْعَى إِلَى الْفَـلاَحِ

فَأَغْسِلُ الْيَدَيْـنِ ... وَالْوَجْهَ وَالرِّجْلَيْنِ

وَأَلْبَسُ الثِّيَــابَ ... وَأَحْمِلُ الْكِتَــابَ

أَسِيرُ نَحْوَ الْعِلْمِ ... بِهِمَّــةٍ وَعَـــزْمِ

س

أَنِيسُ يَنامُ باكِرًا

أَفْهَمُ وَأَحْفَظُ

- مَتى تَنامُ كُلَّ لَيْلَةٍ يا أَنِيسُ ؟
- أَنامُ عَلَى السَّاعَةِ التَّاسِعَةِ.
- وَمَتى تُفِيقُ صَباحًا ؟
- عِنْدَ الْفَجْرِ.

أَكْتَشِفُ

يَنامُ	أَنِيسُ	كُلَّ	لَيْلَةٍ	عَلَى	السَّاعَةِ	التَّاسِعَةِ

يَنامُ أَنِيسُ كُلَّ لَيْلَةٍ عَلَى السَّاعَةِ التَّاسِعَةِ

سُ سَّ سِـ

سَـ ـسُـ ـسِ ـسَ

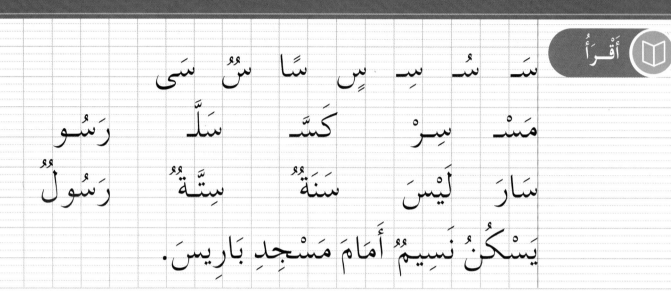

أَقْـرَأُ

سَـ سُـ سِـ ـسِ سًا سُ سَى

مَسْـ سِـرْ كَسَّـ سَلَّـ رَسُـو

سَارَ لَيْسَ سَنَةٌ سِتَّةٌ رَسُولٌ

يَسْكُنُ نَسِيمٌ أَمَامَ مَسْجِدِ بَارِيسَ.

أُنَمّي لُغَتِي

مـاي

الإثنين		7	14	21	28
الثلاثاء	1	8	15	22	29
الأربعاء	2	9	16	23	30
الخميس	3	10	17	24	31
الجمعة	4	11	18	25	
السبت	5	12	19	26	
الأحد	6	13	20	27	

سَاعَـةٌ سَبْعَةُ أَيَّامٍ شَهْـرٌ

أُعَبِّرُ

كُلَّ لَيْلَةٍ أَنَـامُ عَلَى السَّاعَةِ التَّاسِعَةِ.

أَقْـرَأُ الْقُرْآنَ كُلَّ صَبَـاحٍ.

كُلَّ يَـوْمٍ يَذْهَبُ أَبِي إِلَى الْمَسْجِدِ.

ع

عَمِّي سَافَرَ لِلْعُمْرَةِ

أَفْهَمُ وَأَحْفَظُ

- هَلْ سَافَرَ عَمُّكَ لِلْعُمْرَةِ هَذَا الْعَامَ ؟
- نَعَمْ ، وَسَيَعُودُ بَعْدَ أُسْبُوعٍ إِنْ شَاءَ اللَّهُ تَعَالَى.

أَكْتَشِفُ

سَيَعُودُ	عَمِّي	مِنَ	الْعُمْرَةِ	بَعْدَ	أُسْبُوعٍ

عُو عَـ عُـ بَعْ ـعٍ

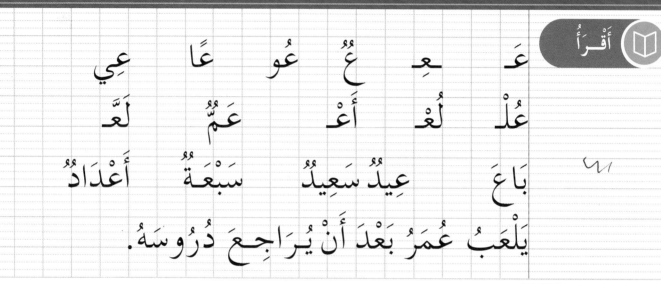

عـَ ـعـُ ـعِ عَ

أَقْـرَأُ

عَـ ـعِـ عُ عُو عًا عِي

عُلْـ لُعْـ أَعْـ عَمُّ لَعَّـ

بَاعَ عِيدٌ سَعِيدٌ سَبْعَةُ أَعْدَادُ

يَلْعَبُ عُمَرُ بَعْدَ أَنْ يُرَاجِعَ دُرُوسَهُ.

أُنَمِّي لُغَتِي

يَوْمُ عِيدٍ

شَهْرٌ عَظِيمٌ

عَامٌ جَدِيدٌ

أُعَبِّرُ

سَيَعُودُ عَمِّي بَعْدَ أُسْبُوعٍ.

سَتَعُودُ أُمِّي بَعْدَ سَاعَةٍ.

سَنُسَافِرُ بَعْدَ شَهْرٍ.

ف الْخَرِيفُ وَ الرَّبِيعُ

أَفْهَمُ وَ أَحْفَظُ

فِي الْخَرِيفِ تَصْفَرُّ أَوْرَاقُ الْأَشْجَارِ ثُمَّ تَتَسَاقَطُ.

وَفِي الرَّبِيعِ تَخْضَرُّ أَغْصَانُهَا وَتَتَفَتَّحُ أَزْهَارُهَا.

أَكْتَشِفُ

كَانَتِ	الْأَوْرَاقُ	صَفْرَاءَ	فِي	فَصْلِ	الْخَرِيفِ

صَفْـ فِي فَـ ـفِ

فَ ـفُ فِ ـفَ

أَقْـرَأُ

فُ ـفُ فِي فَا فُو فٍ فَى كَفَى

فَرْ دَفْ لَفَّ فَرَّ رُفُو رِفَا

فُسْتَانٌ سَافَرْتُ عَفَافٌ دَفْتَرٌ رِيفٌ

سَافَرَ عَفِيفٌ إِلَى فَرَنْسَا فِي سَفِينَةٍ كَبِيرَةٍ.

أُنَمِّي لُغَتِي

أَوْرَاقٌ صَفْرَاءُ

أَزْهَارٌ مُفَتَّحَةٌ

صَيْفٌ حَارٌّ

أُعَبِّرُ

كَانَتِ الْأَوْرَاقُ صَفْرَاءَ.

كَانَتِ الْأَزْهَارُ مُفَتَّحَةً.

صَارَ الطَّقْسُ بَارِدًا.

ح

حَذارِ مِنَ الْبَرْدِ !

أَفْهَمُ وَأَحْفَظُ

- يَا سَمَاحُ، لاَ تَفْتَحِي نَافِذَةَ الْبَيْتِ !

- لِمَاذَا ؟

- الْبَرْدُ شَدِيدٌ وَالرِّيحُ قَوِيَّةٌ.

أَكْتَشِفُ

الرِّيحُ	قَوِيَّةٌ	لاَ	تَفْتَحِي	النَّافِذَةَ	يَاسَمَاحُ

حُ   حِي   حُ

حَـ ـحُـ حِ ـحَ

أَقْـرَأُ

حَـ ـحُـ حِي حٌ ـحًا حٍ جَـ

حَجٌّ مِحْـ أَحْـ رَحَّـ بَحَّ

رَحِيمٌ تُرَحِّبُ فَلاَّحٌ أَحْمَرُ أُحِبُّ

نَجَحَ مُحَمَّدٌ فَفَرِحَ وَحَمِدَ اللَّهَ.

أُنَمِّي لُغَتِي

سَحَابٌ كَثِيفٌ

رِيحٌ قَوِيَّةٌ

حَرٌّ شَدِيدٌ

أُعَبِّرُ

الْبَرْدُ شَدِيدٌ

- لاَ تَفْتَحِي النَّافِذَةَ !
- لاَ تَلْعَبْ فِي الْحَدِيقَةِ !
- لاَ تَنْسَ مِعْطَفَكَ !

مُـراجَعَـةٌ وَتَثْبِيـتٌ

1 أُلاحِظُ وَأَقْرَأُ

سَـبْعَةُ أَيَّامٍ

عَـامٌ جَدِيدٌ

فَـصْلٌ بارِدٌ

حَـرٌّ شَدِيدٌ

2 أَقْـرَأُ

الْمَقَاطِعَ:

م	سَّ	سِ	ـرْ	م	عَ	كَـ	فى	حُ	بٌّ

مَسَّ سِـرْ مَعَ كَفَى حُبٌّ

الْكَلِمَاتِ: عِيدٌ رَسُولٌ سَبْعَةٌ فُسْتَانٌ رَحِـيمٌ

الْجُمْلَةَ: عَادَ أَحْمَدُ مِنْ سَفَرِهِ بِهَدَايَا جَمِيلَةٍ.

3 أُكَوِّنُ جُمْلَةً

كُلَّ	بَاكِرًا	لَيْلَةٍ	أَنَامُ

⬅ أَنَامُ بَاكِرًا كُلَّ لَيْلَةٍ.

4 أَقْرَأُ وَأَفْهَمُ

- كَمْ فُسْتَانًا عِنْدَكِ يَا رَبِيعَةُ ؟ ⬅ عِنْدِي أَرْبَعَةُ فَسَاتِينَ.
- كَمْ عُمُرُكَ يَا عَلِيُّ ؟ ⬅ عُمُرِي سَبْعَةُ أَعْوَامٍ.
- كَيْفَ تَكُونُ الْأَزْهَارُ فِي الرَّبِيعِ ؟ ⬅ تَكُونُ الْأَزْهَارُ مُفَتَّحَةً.

مَحْفُوظَتِي

مَا أَجْمَلَ الْحَدِيقَهْ !

يَا زَائِرَ الْحَدِيقَهْ انْظُرْ لِصُنْعِ اللَّهْ
انْظُرْ إِلَى الْأَشْجَارْ أَغْصَانُهَا تَمِيلْ
وَانْظُرْ إِلَى الْأَزْهَارْ وَشَكْلِهَا الْجَمِيلْ
وَاسْمَعْ إِلَى الطُّيُورْ تُغَنِّي فِي سُرُورْ
فَرْحَانَةً بِالنُّورْ سُبْحَانَكَ رَبَّاهْ

ز

فِي حَدِيقَةِ الْحَيَوانَاتِ

أَفْهَمُ وَأَحْفَظُ

زَارَتْ عَزِيزَةُ حَدِيقَةَ الْحَيَوانَاتِ مَعَ جَدَّتِهَا.

رَأَتْ زَرَافَةً كَبِيرَةً تَشْرَبُ، فَتَعَجَّبَتْ...

وَلَمَّا سَمِعَتْ أَسَدًا يَزْأَرُ، خَافَتْ وَتَعَلَّقَتْ بِجَدَّتِهَا.

أَكْتَشِفُ

رَأَتْ	عَزِيزَةُ	زَرَافَةً	تَشْرَبُ	وَ	سَمِعَتْ	أَسَدًا	يَزْأَرُ

رَأَتْ عَزِيزَةُ زَرَافَةً تَشْرَبُ وَسَمِعَتْ أَسَدًا يَزْأَرُ

زَ زُ زِ

أَقْـرَأُ

زَ زًا زُ زٌ زِ زٍ زِيـ زُو

زَارَ زَيْـ زُرْ أَزْ زَيَّـ زِرٌّ

مَازَالَ زَكَاةٌ زَيْتُونٌ مُعِـزٌّ تُزَيِّـنُ

سَمِعَ رَمْـزِي أَسَدًا يَـزْأَرُ.

أُنَمِّي لُغَتِي

قِـرْدٌ

فِيـلٌ

نَمِـرٌ

أُعَبِّرُ

رَأَتْ زَرَافَةً فَتَعَجَّبَتْ.

رَأَتْ أَسَدًا فَخَافَتْ.

رَأَى أُمَّهُ فَفَرِحَ.

51 ٥١

ص أَخْرِجُوا الْعَصَافِيرَ مِنَ الْقَفَصِ!

أَفْهَمُ وَ أَحْفَظُ

- مَنْ وَضَعَ هَذِهِ الْعَصَافِيرَ فِي الْقَفَصِ؟
- نَاصِرٌ هُوَ الَّذِي وَضَعَهَا.
- أَخْرِجُوهَا بِسُرْعَةٍ وَ رُدُّوهَا إِلَى عُشِّهَا.

أَكْتَشِفُ

أَخْرَجَ	نَاصِرٌ	عَصَافِيرَ	صَغِيرَةً	مِنَ	الْقَفَصِ

صِ صَا صَ صِ

صَ صُ صِ صَ

أَقْـرَأُ

صَـ صَا صُو صُ صِي سِي صِ سِ

صَحْ قَصْ صَيْ صُمْ نَصُّ لِصُّ

مِصْرُ فُصُولٌ صَالِحُ تَحَصَّلَ صَيَّادُ

يَصِيحُ دِيكُ جارِنَا كُلَّ صَبَاحٍ.

أُنَمِّي لُغَتِي

عُصْفُورٌ يُرَفْرِفُ

دِيكٌ يَصِيحُ

صَقْرٌ يَطِيرُ

أُعَبِّرُ

أَخْرِجُوا هَذِهِ الْعَصَافِيرَ مِنَ الْقَفَصِ!

رُدِّي هَذِهِ الْفِرَاخَ إِلَى عُشِّهَا!

اِجْمَعْ هَذِهِ اللُّعَبَ فِي الصُّنْدُوقِ!

ق

قَيْسُ وَ الْقِطُّ

أَفْهَمُ وَ أَحْفَظُ

- لاَ تُمْسِكِ الْقِطَّ مِنْ ذَيْلِهِ يا قَيْسُ!
- أَنا أَلْعَبُ مَعَهُ.
- نَعَمْ، وَلَكِنْ بِرِفْقٍ.

أَكْتَشِفُ

يَلْعَبُ	قَيْسُ	مَعَ	الْقِطِ	بِرِفْقٍ

قَـ ـقِـ ـقٍ

قَـ ـقُـ قِ ـقَ

أَقْرَأُ

قَـ فَـ قَا قٌ فُ قٍ قِي فِي

قَى قِرْ تَقْـ قِفْ قِلاَ قَلَّ دَقَّ

يَقُولُ حَقًّا قَلْبِي يَدُقُّ رَفِيقِي يُمَزِّقُ

قَدَّمَ صَدِيقِي قَاسِمٌ جَزَرًا لِلْأَرْنَبِ.

أُنَمِّي لُغَتِي

حِمَارٌ يَنْهَقُ

قِطٌّ يَمُوءُ

حِصَانٌ يَصْهَلُ

أُعَبِّرُ

يَلْعَبُ قَيْسٌ مَعَ الْقِطِّ.

أَنَا أَلْعَبُ مَعَ صَدِيقِي.

سَلْمَى تَخْرُجُ مَعَ أُمِّهَا.

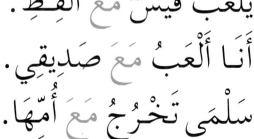

ذ

عَسَلُ النَّحْلِ

أَفْهَمُ وَ أَحْفَظُ

ذَهَبَ مُنْذِرُ إِلَى الْمَزْرَعَةِ لِيَزُورَ جَدَّهُ.
قَدَّمَ لَهُ عَسَلَ نَحْلٍ.
وَلَمَّا ذَاقَهُ، قَالَ: إِنَّهُ لَذِيذٌ، مَا شَاءَ اللَّهُ!

أَكْتَشِفُ

ذَاقَ	مُنْذِرُ	عَسَلاً	لَذِيـذًا

ذَا ـذِ ـذِيـذًا

ذَ ـذُ ذِ

أَقْـرَأُ

ذَ ذًا ذًى ذُو ذٌ ذِي دِيـ ذٍ

عَذْ كِذْ ذَرْ ذُقْ ذَلَّ فَـذٌّ

ذَكِيٌّ ذِئْبُ أُذُنَايَ أَذَّنَ لَا تَكْذِبْ!

قُرْبَكِ نَحْلَةٌ يَا ذِكْرَى، حَذَارِ أَنْ تَلْسَعَكِ!

أُنَمِّي لُغَتِي

نَحْلَةٌ

ذُبَابَةٌ

عَنْكَبُوتٌ

أُعَبِّرُ

ذَاقَ مُنْذِرُ عَسَلاً.

رَأَتْ سَلْمَى عَنْكَبُوتًا.

صَادَ أَحْمَدُ فَرَاشَةً.

مُـرَاجَعَــةٌ وَتثْبِيــتٌ

1 أُلاحِظُ وَأَقْرَأُ

ز

زَرَافَـةٌ تَشْرَبُ

ص

صَـقْـرٌ يَطِيرُ

ق

قِـطٌّ يَمُوءُ

ذ

ذِئْبٌ يَمْشِي

2 أَقْـرَأُ

الْمَقَاطِعَ : زِرُّ زَيْـ صَلاَ صَيَّا قَصَّ ذُقْ ذرَى

الْكَلِمَاتِ : يَقْفِزُ عُصْفُورٌ ذَكِيٌّ يَصْهَلُ لاَ أَكْذِبُ

الْجُمْلَةَ : زُرْتُ حَدِيقَةً، فَرَأَيْتُ أَسَدًا فِي قَفَصٍ.

3 أُكَوِّنُ جُمْلَةً

ذِكْرَى	بِـرِفْقٍ	تَلْعَبُ	أَرْنَبِهَا	مَعَ

⬅ تَلْعَبُ ذِكْرَى مَعَ أَرْنَبِهَا بِـرِفْقٍ.

أَقْـرَأُ وَأَفْهَـمُ

- مَتَى يَصِيحُ دِيكُ جَارِنَا ؟ ⬅ يَصِيحُ الدِّيكُ كُلَّ صَبَاحٍ.
- كَيْفَ كَانَ عَسَلُ النَّحْلِ ؟ ⬅ كَانَ الْعَسَلُ لَذِيذًا.

مَحْفُوظَتِي

الْحَمَـــامَةُ

رَأَيْتُ فِي الْحَدِيقَهْ — حَمَامَةً طَلِيقَــهْ
جَنَاحُـهَا طَوِيـلْ — وَرِيشُهَا جَمِيـلْ
تَطِيـرُ كُلَّ حِيـنْ — بِخِفَّـةٍ وَلِيـنْ
تُغَـادِرُ الصَّبَـاحْ — الْعُشَّ فِي مِرَاحْ
لِتَجْلِـبَ الطَّعَـامْ — وَتَنْشُـرَ الْوِئَـامْ

الْمِحْوَرُ: الْمُنَاسَبَاتُ الدِّينِيَّةُ

خ فِي الْمَسْجِدِ

أَفْهَمُ وَأَحْفَظُ

ذَهَبَ خَلِيلٌ مَعَ أَخِيهِ خَالِدٍ لِصَلاَةِ الْجُمُعَةِ.
دَخَلاَ الْمَسْجِدَ بِهُدُوءٍ، وَجَلَسَا فِي أَدَبٍ
يَسْتَمِعَانِ لِلْخَطِيبِ. وَبَعْدَ الصَّلاَةِ، قَرَآ الْقُرْآنَ.

أَكْتَشِفُ

خَلِيلٌ	وَ	أَخُوهُ	خَالِدٌ	يَقْرَآنِ	الْقُرْآنَ

خَلِيلٌ وَ أَخُوهُ خَالِدٌ يَقْرَآنِ الْقُرْآنَ

خَـ ـخُـ ـخِ خَ

أَقْـرَأُ

خَـ خَا خُو خٌ خِي خٍ جٍ حًا جًا

خَمْ خُبْ مُخْ أَخَّ فَخٌّ خَدٌّ

أَخٌ تَأَخَّرَ يَخافُ اللَّهَ خَمْسَةٌ

﴿خَيْرُكُمْ مَنْ تَعَلَّمَ الْقُرْآنَ وَعَلَّمَهُ﴾ (حَدِيثٌ شَرِيفٌ)

أُنَمِّي لُغَتِي

مِئْذَنَةٌ

مِنْبَرٌ

مِحْرَابٌ

أُعَبِّرُ

بَعْدَ الصَّلَاةِ يَقْرَآنِ الْقُرْآنَ.

قَبْلَ الصَّلَاةِ نَتَوَضَّأُ.

أُنَظِّفُ أَسْنَانِي قَبْلَ النَّوْمِ.

ش

أُحِبُّ الْعِيدَ

أَفْهَمُ وَ أَحْفَظُ

رَشِيدُ بَشُوشُ يَوْمَ الْعِيدِ. إِنَّهُ يَشْعُرُ بِفَرَحٍ شَدِيدٍ.
فِيهِ يَلْبَسُ الْجَدِيدَ، وَيُصَلِّي صَلاَةَ الْعِيدِ،
وَيَتَقَبَّلُ الْهَدَايَا.

أَكْتَشِفُ

رَشِيدُ	بَشُوشُ	إِنَّهُ	يَشْعُرُ	بِفَرَحٍ	شَدِيدٍ

شِيـ ـشُوشُ يَشْـ شَدِيد

شَـ ـشُـ شِ ـشَ

أَقْرَأُ

شَا شُو شِ شَي سِي ـشَى سَى

شَهْ مِشْ مَشَى خُشُو شَمَّ كَشَّا

عَشَرَةٌ نَشِيدٌ شَمْسٌ مِشْمِشٌ مِرَشٌّ

قَدَّمَ لِي خَالِي بَشِيرٌ هَدِيَّةً فَشَكَرْتُهُ.

أُنَمِّي لُغَتِي

لُعْبَةٌ

مَلَابِسُ

حَلَوِيَّاتٌ

أُعَبِّرُ

يَشْعُرُ رَشِيدٌ بِالْفَرَحِ.

يَشْعُرُ الْفَقِيرُ بِالْحُزْنِ.

أَشْعُرُ بِالرَّاحَةِ.

الـ

الصَّيّادُ الصَّغيرُ

أَفْهَمُ وَأَحْفَظُ

خَرَجَ بِلالٌ مَعَ أَبيهِ إِلَى النَّهْرِ لِيَصْطادَ السَّمَكَ.
أَمْسَكَ الْقَصَبَةَ، ثُمَّ أَلْقَى الصِّنّارَةَ فِي الْماءِ.
فَجْأَةً، تَحَرَّكَ الْخَيْطُ، فَجَذَبَ بِلالٌ الْقَصَبَةَ
بِقُوَّةٍ، وَصاحَ فَرِحًا: إِنَّها سَمَكَةٌ كَبيرَةٌ يا أَبِي!

أَكْتَشِفُ

أَمْسَكَ	بِلالٌ	الْقَصَبَةَ	ثُمَّ	أَلْقَى	الصِّنّارَةَ	فِي	الْماءِ
		الْـ			الـصِّـ		الْـ

اَلْقَمَرُ الشَّمْسُ

أَقْـرَأُ

الْقَـ الْمُـ الْأَ الْعِيـ الْمَسْـ الْبِرُّ

الشَّـ السَّـ اللِّـ النُّو الرَّأْ النَّصُّ

الْخُبْزُ اللِّبَاسُ الْأَحَدُ الصَّيَّادُ الْقُدْسُ

رَمَى الصَّيَّادُ الشَّبَكَةَ فِي الْبَحْرِ وَتَرَقَّبَ.

أُنَمِّي لُغَتِي

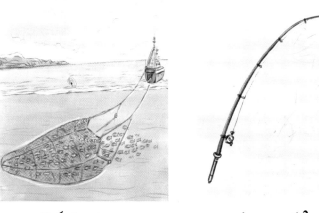

الصِّنَّارَةُ

الْقَصَبَةُ

الشَّبَكَةُ

أُعَبِّرُ

أَمْسَكَ الْقَصَبَةَ ثُمَّ أَلْقَى الصِّنَّارَةَ.

أَخَذْتُ السَّمَكَةَ ثُمَّ وَضَعْتُهَا فِي السَّلَّةِ.

أُرَاجِعُ دُرُوسِي ثُمَّ أَلْعَبُ.

غ

بَلِيغُ يَسْقِي الْأَشْجَارَ

أَفْهَمُ وَأَحْفَظُ

فَرَغَ بَلِيغُ مِنْ مُرَاجَعَةِ دُرُوسِهِ... غَادَرَ غُرْفَتَهُ وَأَسْرَعَ إِلَى الْحَدِيقَةِ. هَا هُوَ يَسْقِي أَشْجَارًا غَرَسَهَا أَبُوهُ. رَأَتْهُ أُمُّهُ فَشَكَرَتْهُ وَدَعَتْ لَهُ بِخَيْرٍ.

أَكْتَشِفُ

يُغَادِرُ	بَلِيغُ	غُرْفَتَهُ	لِيَسْقِيَ	الْأَشْجَارَ

غَا   ـغُ   غُـ

غَ ـغُ ـغِ ـغَ

أَقْرَأُ

غُ غِ عِ ـغًا غٌ عُو ـغِي عِـيـ

الْغُ الْغَا مِغْ غَيْ غَلَّ رَغَّ غَدًا غَشَّ

الْغَسِيلُ أَصْغَى صَغِيرٌ فَارِغٌ يُرَغِّبُ

خَرَجَ غَسَّانُ إِلَى الْغَابَةِ فَرَأَى غَزَالَةً تَسْرَحُ.

أُنَمِّي لُغَتِي

جُذُورٌ

جِذْعٌ

أَغْصَانٌ

أُعَبِّرُ

- غَادَرَ بَلِيغٌ غُرْفَتَهُ. ← غَادَرَتْ سَلْمَى غُرْفَتَهَا.
- شَكَرَتِ الْأُمُّ وَلَدَهَا. ← شَكَرَ الْأَبُ وَلَدَهُ.

آ

الْآنَ نَمُرُّ

أَفْهَمُ وَأَحْفَظُ

وَقَفَ آدَمُ عِنْدَ الْمَمَرِّ مُمْسِكًا بِيَدِ أُخْتِهِ آسِيَةَ.
تَذَكَّرَ نَصَائِحَ أُمِّهِ: لَا تَعْبُرِ الطَّرِيقَ حَتَّى يَكُونَ آمِنًا!
نَظَرَ إِلَى الضَّوْءِ، فَرَآهُ أَخْضَرَ. قَالَ: الْآنَ نَمُرُّ.

أَكْتَشِفُ

قَالَ	آدَمُ	الْمَمَرُّ	آمِنٌ،	الْآنَ	نَمُرُّ

قَالَ آدَمُ الْمَمَرُّ آمِنٌ الْآنَ نَمُرُّ

آ الْآ

أَقْرَأُ

آ أى ئا أآ لَآ سَأَ سَآ

الْآ مَآ أَمَا آنَ آبَ آهْ أَمَّ آمٌّ

الْآيَةُ مَآذِنُ آمِينَ مِرْآةٌ مَلْآنُ

رَأَتْ آمالُ الْحافِلَةَ آتِيَةً، فَأَعَدَّتْ تَذْكِرَتَها لِلرُّكوبِ.

أُنَمّي لُغَتي

مَمَرٌّ

رَصِيفٌ

شُرْطِيٌّ

أُعَبِّرُ

الضَّوْءُ أَخْضَرُ، الْآنَ نَمُرُّ.

الضَّوْءُ أَحْمَرُ، الْآنَ نَقِفُ.

الْجَرَسُ رَنَّ، الْآنَ نَخْرُجُ.

ط

طَارِقٌ يُسَافِرُ فِي الْقِطَارِ

أَفْهَمُ وَ أَحْفَظُ

أَرَادَ طَارِقٌ أَنْ يَزُورَ خَالَهُ عَبْدَ اللَّطِيفِ.

رَكِبَ الْقِطَارَ السَّرِيعَ...

كَانَ طَوَالَ الطَّرِيقِ يُطَالِعُ قِصَّةً طَرِيفَةً.

لَمَّا وَصَلَ، وَجَدَ خَالَهُ يَتَرَقَّبُهُ وَسَطَ الْمَحَطَّةِ.

أَكْتَشِفُ

وَجَدَ	طَارِقٌ	خَالَهُ	عَبْدَ	اللَّطِيفِ	وَسَطَ	الْمَحَطَّةِ
وَجَدَ	طَا			طِيـ	طَ	حَطَّ

طَ طُ طِ

أَقْرَأُ

طَ تَ طُو طِي طَى طُ طًا

الطَّ رَطْ رَتْ طِفْ حَطَّ قِطّي بَطٌّ

الطَّعامُ الْمَطَرُ الْخُطوطُ الْأَطْفالُ يَطيرُ

أَوْقَفَ الشُّرْطِيُّ السَّيّارَةَ وَطَلَبَ مِنْ صاحِبِها رُخْصَةَ السِّياقَةِ.

أُنَمّي لُغَتي

قِطارٌ

مَحَطَّةٌ

حافِلَةٌ

أُعَبِّرُ

رَكِبَ طارِقٌ قِطارًا.

رَكِبْتُ حافِلَةً.

رَكِبَتْ فاطِمَةُ جَوادًا.

مُـرَاجَعَــةٌ وَتَثْبِيــتٌ

1 أُلاحِظُ وَأَقْرَأُ

خَمْسُ صَلَوَاتٍ

شَمْسٌ مُشْرِقَةٌ

غ

غَنَمٌ تَرْعَى

ط

طَرِيقٌ سَرِيعَةٌ

2 أَقْـرَأُ

الْمَقَاطِعَ: خَطٌّ مَشَى شُو الْقَـ الشَّـ آنَ مَـآ

الْكَلِمَاتِ: الْآيَةُ صَغِيرُ السَّيَّارَةُ مِشْمِشُ أَخٌ

الْجُمْلَةَ: تَسْقِي أُخْتِي غَادَةُ أَزْهَارَ الْحَدِيقَةِ.

3 أُكَوِّنُ جُمْلَةً

بِلالاً	يَتَرَقَّبُ	آمِنَةُ	رَأَتْ	الْقِطارَ

⬅ رَأَتْ آمِنَةُ بِلالاً يَتَرَقَّبُ الْقِطارَ.

4 أَقْرَأُ وَأَفْهَمُ

- مَاذَا يَلْبَسُ رَشِيدٌ يَوْمَ الْعِيدِ؟ ⬅ يَلْبَسُ الْجَدِيدَ.
- مَتَى تَعْبُرُ الطَّرِيقَ؟ ⬅ عِنْدَمَا يَكُونُ آمِنًا.
- مَنْ وَجَدَ طَارِقٌ فِي الْمَحَطَّةِ؟ ⬅ وَجَدَ خَالَهُ.

مَحْفُوظَتِي

الْعِيدُ

أُحِبُّ الْعِيدَ مِنْ قَلْبِي وَأَنْعَمُ فِيهِ بِالْحُبِّ
وَأَدْعُو فِيهِ أَحْبَابِي لِنَسْعَدَ فِيهِ بِالْقُرْبِ
تَرَانَا فِيهِ كَالطَّيْرِ إِذَا نَهَضَتْ مَعَ الْفَجْرِ
وَنَرْجُو أَنْ يَعُودَ لَنَا بِكُلِّ الْحُبِّ وَالْخَيْرِ

ض

فِي الْمَطَارِ

أَفْهَمُ وَأَحْفَظُ

حَضَرَ أَبُو رِيَاضٍ إِلَى الْمَطَارِ... مَضَى بِسُرْعَةٍ لِتَسْجِيلِ الْبَضَائِعِ.

تَأَخَّرَ مَوْعِدُ الذَّهَابِ بِسَبَبِ الضَّبَابِ. وَبَعْدَ سَاعَتَيْنِ، أَقْلَعَتِ الطَّائِرَةُ وَطَارَتْ فِي الْفَضَاءِ.

أَكْتَشِفُ

حَضَرَ	أَبُو	رِيَاضٍ	إِلَى	الْمَطَارِ	وَ	مَضَى	لِتَسْجِيلِ	الْبَضَائِعِ

ضَ ضٍ ضَى ضَا

ضَ ضُ ضِ ضَ

أَقْرَأُ

ضَ ضَى ضِ ضِي ضُو ضٌ ضُ

الضَّ مَضْ ضَرْ ضِفْ فَضِيـ ـرِيضُ

الضَّوْءُ أَبْيَضُ الْأَرْضُ الْمَضْمَضَةُ تُحَضِّرُ

يُفَضِّلُ مُرْتَضَى السَّفَرَ فِي الْبَاخِرَةِ لِأَنَّهُ يُحِبُّ الْبَحْرَ.

أُنَمِّي لُغَتِي

تُقْلِعُ الطَّائِرَةُ

جَوَازُ السَّفَرِ

حَقِيبَةُ الْمَلَابِسِ

أُعَبِّرُ

مَضَى أَبُو رِيَاضٍ بِسُرْعَةٍ.

أَقْلَعَتِ الطَّائِرَةُ بِسُرْعَةٍ.

تَمْشِي السُّلَحْفَاةُ بِبُطْءٍ.

ث

رِحْلَةٌ مَدْرَسِيَّةٌ

أَفْهَمُ وَ أَحْفَظُ

تَجَمَّعَ ثَامِرُ وَ رِفَاقُهُ فِي مَحَطَّةِ الْحَافِلاَتِ. كَانُوا جَمِيعًا فِي الْمَوْعِدِ. قَبْلَ الرُّكُوبِ، قَالَ لَهُمْ مُرَافِقُهُمْ: لاَ تَعْبَثُوا بِأَثَاثِ الْحَافِلَةِ، وَلاَ تُزْعِجُوا الْمُسَافِرِينَ!

أَكْتَشِفُ

ثَامِرُ	وَ	رِفَاقُهُ	لاَ	يَعْبَثُونَ	بِأَثَاثِ	الْحَافِلَةِ

ثَامِرُ وَ رِفَاقُهُ لاَ يَعْبَثُونَ بِأَثَاثِ الْحَافِلَةِ

ثَـ ـثُـ ـثِ ـثَ

أَقْرَأُ

ثَـ تَـ ثًا ـثِيـ ثِي ثٌ تٌ

الثَّـ مِثْـ ثَرْ كَثِيـ ثُمَّ حَثَّ رَثٌّ

الثُّلَاثَاءُ مِثَالٌ ثَلْجٌ كَثِيرٌ مَبْثُوثٌ

أُعْجِبَتْ بُثَيْنَةُ بِآثَارِ الْمُسْلِمِينَ فِي الْأَنْدَلُسِ.

أُنَمِّي لُغَتِي

آثَارٌ

قَصْرٌ

جِسْرٌ

أُعَبِّرُ

لَا تَعْبَثُوا بِأَثَاثِ الْحَافِلَةِ!

لَا تَرْفَعُوا أَصْوَاتَكُمْ!

لَا تَلْعَبُوا فِي الطَّرِيقِ!

و اِنْتَهَى الْعَامُ الدِّرَاسِيُّ...

أَفْهَمُ وَ أَحْفَظُ

نَظَّمَتِ الْمَدْرَسَةُ حَفْلاً آخِرَ الْعَامِ الدِّرَاسِيّ. كَانَتِ الْمَدْرَسَةُ مُزْدَانَةً بِصُوَرٍ جَمِيلَةٍ. قَدَّمَ التَّلاَمِيذُ عُرُوضًا مُمْتِعَةً أَعْجَبَتِ الْحَاضِرِينَ. فِي نِهَايَةِ الْحَفْلِ، وُزِّعَتِ الْجَوَائِزُ عَلَى الْمُتَفَوِّقِينَ.

أَكْتَشِفُ

يَوْمَ	الْحَفْلِ	وُزِّعَتِ	الْجَوَائِزُ	عَلَى	الْمُتَفَوِّقِينَ

يَوْ وُ ـوَا فَوَّ

وَ ـوُ وِ

أَقْرَأُ

وَ وَا وَى وُو وُ وِيـ هُوَ

الْوَ أَوْ لَوْ وَجْـ جَوُّ وَلَّى سَوَّى

الْوَقْتُ هَوَاءُ تَقْوَى وُرُودُ يُلَوِّنُ

تَسَلَّمَتْ خَوْلَةُ جَائِزَتَهَا فَرِحَةً ثُمَّ وَدَّعَتْ أَصْدِقَاءَهَا.

أُنَمِّي لُغَتِي

يُمَثِّلُونَ

يُنْشِدُونَ

يَتَسَلَّمُ جَائِزَةً

أُعَبِّرُ

كَانَتِ الْمَدْرَسَةُ مُزْدَانَةً.

كَانَ الْحَفْلُ مُمْتِعًا.

كُنْتُ فَرِحًا بِالْعُطْلَةِ.

ظ

الْعَوْدَةُ إِلَى بِلادِي

أَفْهَمُ وَأَحْفَظُ

قَالَ حَافِظُ: فِي عُطْلَةِ الصَّيْفِ، أَعُودُ مَعَ عَائِلَتِي إِلَى بِلادِي. أَقْضِي بِهَا شَهْرَيْنِ. أَزُورُ أَقَارِبِي، وَأَتَمَتَّعُ بِشَوَاطِئِهَا النَّظِيفَةِ وَمَنَاظِرِهَا الْبَدِيعَةِ.

أَكْتَشِفُ

يَتَمَتَّعُ	حَافِظُ	بِالشَّوَاطِئِ	النَّظِيفَةِ	وَ	الْمَنَاظِرِ	الْبَدِيعَةِ

ـظُ ـظِيـ ـظِ

ظَ ظُ ظِ

أَقْـرَأُ

ظَ ذَ ظَا ظَى ظًا طًا ظِي ذِي طِيـ

ظَهْـ مَظْ الظَّ نَظَّ ظِلٌّ حَظٌّ

الظَّلاَمُ نَظِيفٌ ظَهْرِي تُنَظِّمُ الْمِظَلَّةُ

تُرَدِّدُ حَفِيظَةُ دَائِمًا: "عَلَيْكِ مِنِّي السَّلاَمُ يَا أَرْضَ أَجْدَادِي".

أُنَمِّي لُغَتِي

أَشْجَارٌ ظَلِيلَةٌ

مَنْظَرٌ جَمِيلٌ

شَاطِئٌ نَظِيفٌ

أُعَبِّرُ

سَأَعُودُ إِلَى بِلاَدِي.

سَأَذْهَبُ إِلَى الْبَحْرِ.

سَأَكْتُبُ لَكَ رِسَالَةً.

مُـرَاجَعَـةٌ وَتَثْبِيـتٌ

1 أُلاحِظُ وَأَقْرَأُ

ض

ضَوْءٌ أَخْضَرُ

ث

ثَـلْجٌ كَثِيرٌ

و

وَجْـهٌ ضَاحِكٌ

ظ

ظَرْفٌ مَفْتُوحٌ

2 أَقْـرَأُ

الْمَقَاطِعَ : الضَّـ الثَّـ الْـوَ الظَّـ

ضَمَّ رَثٌّ لَوْ حَظٌّ

الْكَلِمَاتِ: الظِّلَالُ ثُلُوجُ الْمَضْمَضَةُ يُلَوِّنُ الْهَوَاءُ

الْجُمْلَةَ: تُقْلِعُ الطَّائِرَةُ مِنَ الْمَطَارِ ثُمَّ تَطِيرُ فِي الْفَضَاءِ.

3 أُكَوِّنُ جُمْلَةً

لاَ	بِأَثَاثِ	يَعْبَثُ	الْحَافِلَةِ	رِيَاضُ

⬅ لاَ يَعْبَثُ رِيَاضُ بِأَثَاثِ الْحَافِلَةِ.

4 أَقْـرَأُ وَأَفْهَـمُ

- لِمَاذَا يَعُودُ حَافِظٌ إِلَى بِلاَدِهِ ؟ ⬅ لِيَزُورَ أَقَارِبَهُ.
- كَيْفَ كَانَتْ عُرُوضُ التَّلاَمِيذِ ؟ ⬅ كَانَتْ مُمْتِعَةً.

مَحْفُوظَتِي

اللّـهُ خَـالِقُنَـا

مَنْ خَالِقُ الشَّمْسِ وَالنَّجْمِ وَالْقَمَـرِ
مَنْ خَالِـقُ الْإِنْـسِ وَالطَّيْـرِ وَالشَّجَـرِ
اللَّهْ اللَّهْ، اللَّهُ خَالِقُنَا

مَنْ خَالِـقُ الْبَحْـرِ تَحْيَا فِيهِ الْحِيتَـانْ
مَنْ خَالِـقُ النَّهْـرِ يَرْوَى بِهِ الْعَطْشَانْ
اللَّهْ اللَّهْ، اللَّهُ خَالِقُنَا

الفهرس

حروف الهجـــاء

أ ب ت ث

ج ح خ د

ذ ر ز س

ش ص ض ط

ظ ع غ ف

ق ك ل م

ن هـ و ي

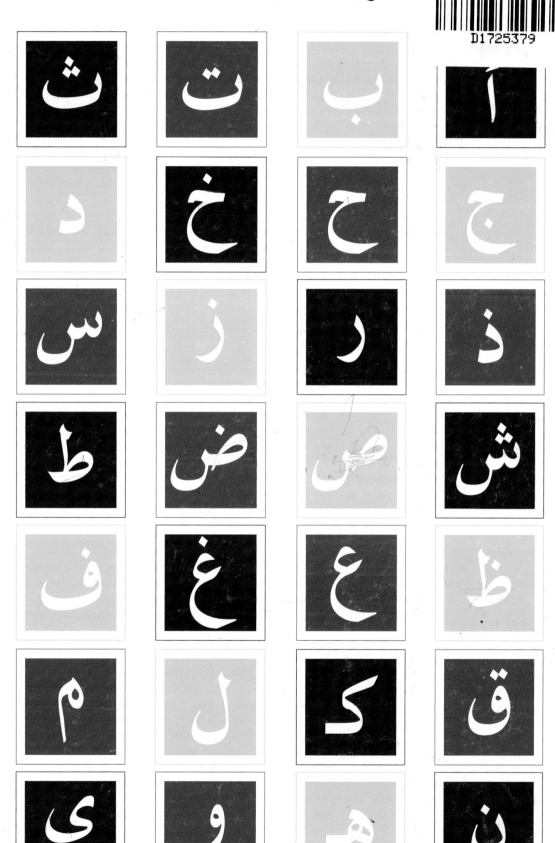